CHATEAU DE CHAMBORD

SON PARC ET SES ENVIRONS

CONSIDÉRÉS AU POINT DE VUE HISTORIQUE
AGRICOLE ET SYLVICOLE

Par M. Auguste JOHANET.

BEAUGENCY,
TYPOGRAPHIE DE Mme GASNIER, RUE DE LA ROCHELLE.

1858.

CHATEAU

DE CHAMBORD

SON PARC ET SES ENVIRONS.

Jusqu'à ce jour Chambord a été l'objet d'un grand nombre de narrations, au point de vue historique. La plume, le crayon et le pinceau se sont tour à tour empressés de lui consacrer leur talent et leur charme ; il a été décrit, immortalisé même par des ouvrages très-remarquables, en telle sorte qu'on pourrait croire qu'il n'y a vraiment plus rien à en dire.

C'est là une grave erreur, et tout en rendant hommage aux poètes, aux écrivains, aux dessinateurs et aux peintres, aux savants surtout, qui ont révélé l'origine et les diverses phases de ce château exceptionnel, il est facile de le placer sous un jour nouveau, et d'exciter vivement l'intérêt des lecteurs.

Chambord peut et doit être représenté non pas à des visiteurs passagers et indifférents, mais à des visiteurs sérieux et observateurs, comme un des lieux privilégiés qui, après avoir fourni tant d'intéressantes pages à la vieille histoire, a été, par suite des circonstances, apelé à une noble et grande position dans celle de nos jours En un mot, Chambord, ainsi que le croient beaucoup de touristes et de voyageurs, n'est pas seulement un sanctuaire de précieux souvenirs, un chef-d'œuvre d'architecture, une merveille artistique : c'est un immense domaine offrant la collection et la mise en pratique d'excellents systèmes agricoles et surtout sylvicoles.

On peut affirmer aussi que ses environs, à plusieurs lieues à la ronde, ayant suivi sa salutaire impulsion, présentent aujourd'hui de charmantes métamorphoses, et des avantages considérables à divers égards.

Ce travail se distinguera donc de toutes les précédentes publications, par sa spécialité même, et ne peut avoir la prétention de leur faire aucune concurrence. Ces publications ont certainement une haute valeur, et sont, avec raison. très-recherchées par la majorité des visiteurs de Chambord ; car ceux-ci, en général, viennent exprès pour y faire une excursion de quelques heures et n'ont pas le temps de s'y arrêter. On comprend qu'ils veulent avant tout, être mis au courant des traditions, des événements que rappellent ses voûtes antiques, ses vieux murs, ses salles d'armes, ses galeries et surtout ces myriades de sculptures, de colonnes, de fantasques minarets, de bizarres clochetons, qui sur son esplanade aérienne, semblent les apparitions du passé. Et cependant j'ose affirmer que lorsqu'ils connaîtront les œuvres de ce même Chambord, c'est-à-dire, tout ce qui, sous ses auspices, et pour ainsi parler, sous son regard solennel, s'est accompli depuis vingt-cinq ans, ils ne se borneront plus à admirer le monument de pierre, ils se détermineront à y rester quelques jours, afin de contempler eux-mêmes, non loin des appartements déserts, préservés seulement des intempéries, le sol travaillé avec soin, et chaque jour utilisé et fécondé au delà de toutes prévisions.

Toutefois, avant de commencer l'excursion au dehors, il importe de parcourir le château, de retracer l'historique de sa construction et de son intérieur, afin que ses antécédents viennent compléter cet ouvrage et mieux remplir son but.

Les descripteurs de Chambord, depuis du Cerceau, Lerrouge d'Avity, Félibien, Bernier. Le prince Pulke-

Muskau, etc., jusqu'à M. Merle, le spirituel écrivain de la *Quotidienne*, et M. L. de la Saussaye, de la société des antiquaires de France, membre de l'Institut, et maintenant recteur de l'Université, ont, à son sujet, épuisé les expressions et les formules admiratives. En dernier lieu, M. Gatineau, libraire à Orléans, a publié des lithographies de plusieurs dimensions qui ont exactement et artistiquement reproduit le château sous ses diverses faces. L'habile et ingénieur éditeur y a joint un plan géométrat du château et un plan général de son parc.

C'est incontestablement François Ier qui a fait construire Chambord ; mais les historiens ne sont pas d'accord sur le nom de sont architecte. Les uns ont affirmé que c'était le Primatice, les autres, et notamment MM. Gilbert et Vergnaud-Romagnési, ont repoussé cette assertion, par ce double motif que ce célèbre artiste n'est venu en France qu'en 1523, c'est-à-dire cinq ans après le commencement du château, et qu'il n'aurait pas consenti à adopter un style indiquant *le passage du goût gothique à celui de la renaissance*. Je n'ai point à me préoccuper de ces controverses, mais seulement à dire qu'en définitive il paraît certain, d'après les documents et vestiges réunis, que l'honneur du plan et de sa première exécution revient à un artiste blésois dont le nom est resté inconnu. On retrouve, en effet, dans les environs de Blois et dans cette ville des châteaux et des maisons dont la forme et les détails précis rappellent le genre de Chambord. Il est bien à regretter que la modestie de l'auteur de cette merveille, ou l'inconcevable négligence de ses contemporains n'aient point permis de rendre à son nom un légitime et immortel hommage qui eût illustré sa famille.

Les anciens comtes de Blois possédaient au même lieu où est actuellement Chambord, un antique manoir qu'on nommait *Chambord Motefrault*, et qui fut adjoint au domaine de la couronne en 1498, à l'avénement au trône de Louis d'Orléans, vingt-troisième comte héréditaire de Blois, devenu Louis XII. Au retour de sa captivité en 1526, François 1er nomma messire de Chauvigny, intendant général des travaux, aux appointements de 1,000 livres, qui furent également attribuées à messire Raymond Forget comme trésorier et payeur général. Il est évident que ce roi, très-chasseur et très-galant, choisit ce lieu, *à cause qu'aux bois prochains il y a grande quantité de cerfs*, et parce que, dans le voisinage, était le castel de la belle comtesse de Thoury, à laquelle son amour faisait de fréquentes visites, quand il n'était encore que duc d'Angoulême.

Pendant plus de douze ans, dix-huit cents ouvriers au moins furent employés aux travaux de Chambord. D'après les mémoires manuscrits d'André Félibien, et les registres de la chambre des comptes de Blois, les sommes dépensées depuis 1526 jusqu'en 1547, année de la mort de François Ier, s'élevèrent à 444,570 livres, 6 sous 4 deniers tournois. Les maçons gagnaient trois sous deux deniers par jour, les charpentiers quatre sous deux deniers, les charrois à trois chevaux étaient payés quinze sous. Chacun de ces chapiteaux si ouvragés et si finis, était sculpté pour vingt-sept sous, et chaque losange des vitraux pour dix deniers. Les maîtres maçons confectionnant les dessins et donnant des ordres recevaient vingt et vingt-sept sous par jour. A cette époque, le titre de maître-maçon avait une valeur telle que le fameux Jean Goujon prenait toujours celui de *maître-maçon du roi*. J'ajoute, quant aux salaires, qu'alors les prix du marc d'argent et celui des denrées alimentaires étaient si différentes de ceux de nos jours, qu'en réalité ils représentent à peu près ceux qu'on donnerait maintenant. Les lenteurs et les difficultés de l'entreprise sont provenues surtout de la nécessité de bâtir sur pilotis au milieu d'un terrain fangeux et de la quantité prodigieuse de détails et de fantaisies d'architecture. Parmi ceux-ci, on doit citer les F couronnés, les salamandres, les cariatides, mais ces dernières ont été indignement calomniées lorsqu'on a voulu y reconnaître les portraits de François Ier de Henri II, de la duchesse d'Etampes et de la comtesse de Châteaubriand, Cette mensongère inconvenance est déjouée par la plus simple observation.

On ne visite qu'une certaine partie de cet immense château qui contient quatorze grands escaliers, puis d'autres plus petits, appelés *dérobés*, et plusieurs mystérieusement cachés dans l'épaisseur des murs. On y compte, dit-on, quatre cents quarante pièces, possédant toutes des cheminées, suivant la confortable habitude du temps, et cependant, la chronique populaire veut qu'il y ait seulement trois cents soixante-cinq fenêtres, autant que de jours dans l'année. Dans les galeries qui relient les divers corps de bâtiments et où se retrouvent encore les F et les H couronnés, les fleurs de lys, les salamandres, les croissants, et le soleil de Louis XIV, on admirait autrefois des meubles, des tapisseries des peintures et surtout des fresques de Jean Cousin. Plus de huit cents chapiteaux, des sculptures exquises revêtant et transformant les cheminées, et ressortant mieux près des médaillons d'ardoise méritent une attention spéciale, ainsi que la charpente, presque toute en châtaignier, qui renferme plus d'une forêt, et dont l'exécution s'ent l'art bien plus que le métier.

L'oratoire profané, hélas ! par le badigeon, offre une réduction coquette des attributs ornementant la voûte des salles des gardes, et doit être considéré comme une des plus ravissantes choses artistiques de ce monument.

A l'époque où, dit-on, des terrasses remplaçaien, les pavillons et les toitures actuelles, elles devaient présenter un coup d'œil magique, et produire au clair de l'une, par exemple, un effet prestigieuxi quand les rayons de l'astre des nuits se reposaient sur ces sculptures de formes multiples,ou se jouaien à travers ces guipures, ces dentelles de pierres, qut semblaient comme suspendues au-dessus d'un palais enchanté.

Le morceau capital de Chambord, le donjon, contient quatre vastes salles des gardes, au milieu desquelles s'élève comme une pyramide tournante, ce superbe escalier à double vis si hardi, si léger, et dont l'effet devait jadis être pittoresque d'autant plus qu'il était complétement dégagé des planchers actuels qui l'étreignent, et s'élançait fier et majestueux jusqu'aux voûtes partagées en caissons et richement décorées d'emblêmes et de chiffres royaux.

François Ier occupait dans le château une aile très-remarquable par un grand nombre d'ornements et par la tour favorite du souverain. On peut admirer deux escaliers à jour, des galeries, des rampes communicant secrètement, par des passages souterrains, avec les fossés du château, sans doute pour protéger trop les intrigues et les maneuvres amoureuses de cette cour. En 1539, Charles-Quint visita Chambord et *y trouva*, dit d'Avity' *grande délectation pour la chasse aux daims qui étaient là dans un des plus beaux parcs de France et à très-grande foison.*

François Ier y venait souvent, accompagné de sa sœur la reine de Navarre, qui était près de lu lorsqu'avec le brillant de son anneau, il écrivit sur un des vitraux de sa chambre ces deux vers si connus :

> Souvent femme varie
> Bien fol est qui s'y fie.

Est-il vrai que Louis XIV eut plus tard certaines

raisons pour sacrifier à madame de la Vallière cette amère satyre ?

François Ier vint à Chambord, pour la dernière fois, en 1545. Son fils Henri II, ayant ordonné la continuation des travaux, fit éclater partout son chiffre et celui de Diane de Poitiers, enlacés dans un croissant, emblême de la charmante duchesse. Il a eu le grand tort de propager cet emblême dans la chapelle qu'il termina et qui est admirablement conservée. Ce roi ratifia à Chambord avec les princes allemands quittant le parti de Charles Quint, le traité secret qui plus tard, a doté la France des villes de Verdun, Toul et Metz.

Le seigneur de Longueville assure que pendant sa régence, Catherine de Médicis venue à Chambord pour chasser, y monta, un soir, à la fleur de lys colossale de la campanille du gigantesque escalier, *afin de consulter nuitamment les cieux et les étoiles*, avec ses astrologues.

Les légendes affirment que Charles IX y força un cerf *à course de cheval et sans le secours de chiens* ce qui, à coup sûr, doit être un fait très-important dans l'histoire de la vénerie. L'état des finances et les troubles d'alors, l'empêchèrent de donner une grande extension aux travaux de Chambord.

Les goûts et les voluptés de la cour de Henri III firent que Chambord fut rarement visité par ce roi. Henri IV était trop occupé dans sa capitale pour aller si loin, mais Louis XIII prescrivit divers embellissements, lorsque Chambord fit partie de l'apanage de son frère Gaston auquel il avait donné le comté de Blois. Lorsque ce domaine fit retour à la couronne, après la mort de Gaston, en 1660, Louis XIV y donna des fêtes splendides. Les comédies de *Pourceaugnac* et du *Bourgeois Gentilhomme*, y furent représentées, pour la première fois, au mois d'octobre 1670, par la troupe de Molière dans la salle de spectacle du premier étage, qu'on voit encore. Le grand roi, y vint pour la dernière ois, en 1684 avec madame de Maintenon, devenue la rivale préférée de Mme de Montespan. Lés bâtiments qu'il fit ajouter d'après Mansard forment l'enceinte de la cour, et contrastent peu gracieusement avec le haut style du château.

Chambord resta inhabité jusqu'en 1725, lorsqu'il devint l'asile du bon roi de Pologne Stanislas Leckzinski, qui tour à tour comme un autre saint Louis, et un bon père de famille, se distingua en ce pays, par les preuves de sa bienfaisance et de son intérêt pour les habitants. Le souvenir de ce roi et de la reine est encore consacré en ce pays. Le parterre vis-à-vis du château fut planté par leurs soins et ils firent combler les fossés pour la salubrité publique.

En 1735, Chambord devint l'apanage du maréchal Maurice de Saxe vainqueur de Fonteuoy qui y caserna son régiment de *hulands*. Il y mourut à la suite de circonstances diversement interprétées, et y fut embaumé sur la table en pierre de liais qu'on retrouve dans l'une des salles du premier étage occupé aujourd'hui par des armes, quelques tableaux, et un petit musée d'artillerie offert à M. le duc de Bordeaux, peu après son baptême où on lui donna l'armée française pour marraine. Louis XV ordonna de magnifiques funerailles, et le corps du maréchal fut transporté à Strasbourg.

Le neveu du maréchal, le comte de Friesen, garda quelque temps Chambord qui revint ensuite à la couronne et son gouvernement fut restitué au marquis de Saumery dont la famille en était depuis longtemps héréditairement investie.

La famille de Polignac l'habita à peine une année de 1789 à 1790, et en 1793, l'opulent et curieux mobilier de Chambord, tout ce que dix règnes avaient rassemblé de merveilles de toute espèce, fut vendu ou plutôt livré aux fripiers, aux vandales accourus par bandes. On voulut même faire disparaître les nombreuses fleurs de lys et autres allégories en pierre, mais on fut arrêté par le devis de M. Marie architecte du château, réclamant *trois cent mille francs* pour cette seule opération dévastatrice.

L'arrivée de Bonaparte au pouvoir sauva Chambord, car après en avoir fait le chef-lieu de la 15e cohorte de la légion commandée par le général Augereau, qui y demeura quelque temps, il projeta d'y établir la maison d'éducation de la Légion d'honneur, ce qui aurait eu lieu sans les dépenses énormes exigées par les réparations et l'ameublement portés à neuf millions.

Devenu la dotation du prince de Wagram, le négociateur du mariage de Napoléon Ier avec une archiduchesse d'Autriche et auquel fut constituée une rente de cinq cents mille francs, à *condition que tous ses revenus seraient affectés à la restauration du chateau*. Chambord semblait devoir entrer dans une nouvelle ère de prospérité. Il n'en fut point ainsi. Le prince de Wagram n'y a jamais passé que deux jours, et a fait abattre les plus beaux bois, sans remplir aucune des généreuses intentions de Napoléon.

La princesse de Wagram ayant, après la restauration, perdu sa dotation, joua, comme on dit dans ce pays, du *haut bois* dans le parc, en faisant abattre des futaies, et des coupes prématurément, en défrichant des taillis; elle acheva son œuvre, en louant le château pour deux ans, moyennant 400,000 fr., à un Anglais. Puis la princesse demanda l'autorisation de vendre, et l'obtint à grand'peine, car la condition la plus grave de sa dotation, *de rendre au château son ancienne splendeur*, n'était, certes, aucunement remplie. LE'tat lui accorda, en reprenant Chambord, une inscription représentant un revenu égal à celui du domaine.

Ces faits sont retracés par un savant et un historien très-distingué, M. E. de la Saussaye, qui depuis a été appelé à une grande position universitaire.

Peu après, Chambord fut mis en vente et devint l'objet de toutes les convoitises de ce qu'on appelait alors la *bande noire*. Déjà on parlait de son acquisition, bientôt suivie de la radicale démolition de ce monument incomparable, quand une pensée toute française vint le préserver d'un naufrage imminent.

M. le comte Adrien de Calonne proposa une souscription à toutes les communes de France, et une commission fut organisée pour recueillir les offrandes spontanées qui produisirent une somme à l'aide de laquelle Chambord fut adjugé, le 5 mars 1821, au comte Adrien de Calonne, représentant la commission, au prix de 1,542,000 francs *pour en être fait hommage*, porte à l'acte de vente, *au nom de la France, à S. A. R. Mgr le duc de Bordeaux, au profit duquel le domaine est, en conséquence, acheté dès à présent*. Charles X hésita longtemps à accepter ce don national, mais il y consentit le 7 février 1830. Le 12 mai suivant, les princes de Sicile et la duchesse de Berry, vinrent visiter Chambord, et c'est alors que la mère de l'héritier de la couronne de tant de rois dit au comte de Calonne, nommé conservateur de Chambord : « Monsieur, il « ne faut pas distraire un denier du revenu de la « proprité; tout doit y être dépensé en amélioration « et pour le bien du pays. » *(Ceci est de l'histoire)*.

Ainsi la possession de Chambord, par M. le duc de Bordeaux, encore enfant, a pour origine une souscription nationale due à une initiative chevaleresque, et, dès le premier moment, son propriétaire, était, par le cœur maternel, engagé à remplir les nobles conditions que le prince de Wagram avait toujours méconnues.

Le château dégradé semblait réclamer la démolition, et, quant à la terre proprement dite, elle avait le triste aspect de la plus chétive Sologne ; des bois et quelques futaies indiquaient seuls une végétation inégale et souffrante. Le gibier, les bêtes fauves principalement, y abondaient, et vivaient aux dépens des fermiers que, d'un autre côté, les fièvres minaent une majeure partie de l'année.

La révolution de juillet arriva, et soudain Chambord fut témoin d'un étrange contraste et d'un spectacle touchant.

Le prince de Wagram, dans sa patrie, au sein de la fortune et des honneurs, n'avait tenu aucun compte des conditions expresses de son opulente dotation ; M. le duc de Bordeaux, à peine âgé de 10 ans, exilé, ayant le plus grand besoin de ses modiques ressources, voulut que Chambord dont il s'était plu à prendre le nom, fut immédiatement consacré à des améliorations qui devaient tripler ses produits.

Bien plus, il ordonna que des fondations, l'assistance sous toutes les formes, absorbassent exclusivement tous les revenus dont la moindre portion n'a jamais franchi les murs du parc.

Il constitua, avec cette belle propriété, une sorte de liste civile aux malheureux, et prodigua d'autres avantages à ses habitants, à ceux des alentours, par la restauration du monument historique objet de la curiosité de tant de voyageurs.

A partir de 1830, chaque année amenait une notable et heureuse transformation. Les plaines garnies de *brémailles*, suivant la locution locale, étaient profondément défrichées, beaucoup de terres même rebelles à la culture ou trop médiocres étaient consacrées aussi à des semis de pins, de glands, de bouleaux ; des plantations d'arbres, le curage des étangs et de la rivière, des fossés d'assainissement complétaient les innovations et récompensaient les premières tentatives. Cependant, on ne pouvait prévoir encore les résultats considérables qui se manifestèrent bientôt et furent accompagnés de la réalisation de projets bien plus importants. L'administration intérieure de Chambord, confiée à M. Bourcier, régisseur et l'un des maîtres forestiers s'empressa de prouver qu'un progrès en engendre un autre, et chaque année, des céréales, des taillis attestaient ses efforts intelligents et ses succès imprévus. Il s'occupa ensuite de faciliter les abords et la circulation dans le parc, soit pour l'exploitation des bois, soit pour les communications de tout genre dans l'intérieur, qui déjà fixait l'attention publique. Des routes magnifiques, traversant le parc d'un bout à l'autre, succédèrent aux chemins effondrés, aux ornières impraticables, et Bracieux, Saint-Dié, Blois, furent mis à la portée de Chambord qui s'en aperçut bientôt par l'augmentation des allants et venants. Ceux-ci ne manquaient pas d'admirer la physionomie nouvelle de ces lieux, d'applaudir à tous les essais auxquels ils avaient été soumis de manière à servir d'encouragement et de modèle à leurs voisins.

On peut le constater en voyant successivement les propriétaires des alentours imiter son exemple et s'en féliciter. En moins de quinze ans, les bois repiqués, les nouveaux taillis ont doublé le montant des ventes annuelles, tandis que les défrichements, puis le marnage des terres, ont permis d'augmenter, dans une certaine proportion, le prix de quelques fermes, car plusieurs ont été détruites pour que leurs terres fussent plantées en bois. Les pins ont spécialement ajouté à tout cela des agréments réels, car les perspectives et les promenades ont beaucoup gagné à cette verdure éternelle et à ces senteurs salubres...

Chaque année, des réparations au château, des constructions dans le village, entre autres, une école, une salle d'asile, des logements pour les veuves des employés, une maison pour les sœurs, une église, vrai bijou architectural, dont la nef semble être eclairée par les fleurs de lys d'or qui constellent sa voûte azurée; l'hôtel du grand SAINT-MICHEL remis à neuf au dedans et au dehors, des jardins et des pelouses protégés par des barrières devant le château, ont démontré avec quelle scrupuleuse exactitude les ordres du prince sont accomplis. Partout on trouvait la preuve d'une constante préoccupation pour le bien-être d'une contrée, principalement par le travail, cette aumôme indirecte et intelligente qui honore son auteur, et relève, console celui qui la reçoit sans l'avoir demandée.

Quant aux améliorations produites par la culture, entreautres à la ferme de la *Guyonnière*, par Jacques Simon, dit *la Flamme*, on peut dire qu'elles ont eu d'abord le mérite de la difficulté vaincue. En effet, c'est près de cette partie de la Sologne que les paysans et fermiers ne craignaient rien tant que les défrichements. Leurs préjugé sétaient si enracinés qu'ils imposaient à leurs enfants l'obligation de ne pas défricher. Cela était ruineux, disaient-ils, et leur enlevait des paccages pour leurs bestiaux, pour leurs volailles qui en réalité, ćomposaient leurs principaux bénéfices, et ne changeaient rien à leurs habitndes.

Aussi, poussèrent-ils de longs gémissements quand ils virent les bruyères voisines de leurs fermes livrées à la pioche et à la charrue ils; crièrent au sacrilége, et jurèrent de ne jamais en devenir les complices. Plusieurs même réclamèrent leur résiliation pour n'être pas témoins de ce vandalisme, en annonçant à l'avance qu'ils ne sacrifieraient pas aux aux dieux de la civilisation agricole sans vouloir les enric6ir et leur enlever leurs fièvres permanentes. On a donc mis en œuvre l'habileté, la patience et tous les moyens de persuasion, pour décider des fermiers moius encroûtés à faire sur quelques arpents des tentatives qui devinrent des conditions de bail ou de renouvellement. Ces antécédents disent très-haut comment de fructueux résultats ont pu seuls vaincre leur ténacité et leur résistance.

Nous ne voulons qu'indiquer ici sommairement des améliorations dont tour à tour de grandes dépenses, et des efforts intelligents ont doté Chambord, parce que la plus sûre et surtout la plus agréable manière de s'en convaincre, c'est d'aller sur les lieux, de prendre sur le fait ces progrès multiples, et leurs diverses conséquences. Nous avons été conduit, à écrire ces pages, par une observation que nous a fournie une famille anglaise, il y a quelques mois. Cette famille était venue à Chambord, comme la foule y vient d'ordinaire, pour visiter le château, mais quand du haut de la terrasse, elle eut vu au loin ces massifs de forêts, ces longues prairies, les sinuosités de la rivière le Cosson, se déroulant comme un ruban d'argent à travers les saules, les peupliers, ou les guérets, elle résolut d'y faire séjour ; elle s'installa à *Saint-Michel* où les époux Bibard tiennent l'hôtel d'une façon toujours digne de leur juste renommée, et passa cinq ou six jours à explorer *la terre de Chambord*. Celle-ci, en réalité, a un grand intérêt aux yeux de ceux qui, pour leur instruction, recherchent autre chose qu'un château même aussi célèbre que celui-là.... Bien plus, elle eut l'excellente idée de visiter les environs dans un rayon de quatre à cinq lieues, et elle en rapporta les impressions les plus favorables; elle y trouva un attrait tout particulier. Comme beaucoup d'autres touristes pourraient être tentés d'en faire autant, j'ai consacré mes propres appréciations à une sorte d'itinéraire qui réunira des renseignements et des détails de nature, je l'espère, à rendre fréquentes ces utiles et agréables pérégrinations.

L'enceinte du parc de Chambord, entièrement formé de murs élevés, a sept lieues de tour. On peut le parcourir à pied par une espèce de chemin de ronde très-rustique, puisqu'il est tracé principalement au milieu des bois. Plus d'un amateur de course extraordinaire s'est amusé à cette excursion qui a parfois été l'objet de paris à la suite d'un *steeple-chasse* d'un nouveau genre. Souvent cette lutte pédestre a été accidentée par la rencontre de loups ou de sangliers, de hardes de cerfs et biches bondissant soudain de leurs fourrés peu accoutumées à des visites. Certains amis du merveilleux prétendent avoir vu, la nuit, au clair de lune, errer les grandes ombres de François 1er, de Henri II, de Diane de Poitiers, suivant la chasse à cheval, du maréchal de Saxe, à la tête de ses *hulands*. Ils frémissent encore en pensant au comte Thibaut de Champagne, premier comte de Blois, dit le *vieux et le tricheur*, vêtu de noir, avec sa meute de chiens noirs, chassant à travers les airs à cors et à cris, et se rendant à la halte de Bury, d'où il retourne avec même tapage au pavillon de Monfraut. Toute la Sologne croit encore à cette chasse nocturne et aérienne qu'on entend très-positivement, mais qu'on ne peut jamais voir...

D'autres conteurs, rendus plus intrépides par un excellent dîner à l'hôtel Saint-Michel, affirment avoir vu un daim trois fois centenaire, dont les bois moussus semblent une futaie ambulante, ou le doyen des sangliers du monde, ne marchant plus qu'à l'aide de ses défenses qui, dit-on, éventrèrent des milliers de chiens, orgueil des meutes des alentours, notamment de celle de M. de la Palud. D'autres ont apperçu des hordes de braconniers franchissant les murailles, se glissant dans des sentiers connus d'eux seulement, ou bien, immobiles et menaçants, à l'affût du faisan et du chevreuil.

Le parc de Chambord a six entrées et sorties désignées par les pavillons de Muides, de Saint-Dié, de Toury, de Montfrau, de Bracieux, de la Chaussée, occupés par quatre gardes et deux brigadiers; le garde général est logé au château.

Chacun de ces pavillons, celui de Montfrau, entre autres, pourrait fournir des aventures plus ou moins véridiques, des chroniques, des légendes du bon vieux temps. Les historiens de Chambord en parlent trop pour que je me permette une usurpation de leurs droits sacrés. Je me borne donc à indiquer cette source de lecture piquante, et j'ai hâte de rester fidèle à ma tâche en signalant, dans ces endroits même, où la dame de Montfrau et le comte Thibaut ont fait tant de bruit, dit-on, des innovations qui, sans doute, eussent été fort de leur goût. Les taillis ont été dégagés de leurs buissons envahisseurs, des sentiers de chasse et de promenade créés en tous sens aboutissent à de belles routes auxquelles des arbres séculaires prodiguent l'ombrage et la fraîcheur. Aussi, le parc de Chambord est-il maintenant beaucoup plus fréquenté par les fermiers, les marchands, les propriétaires se rendant à Bracieux, à Blois, à Neung, à Neuvy, à Herbaux, à Fontaine, au Gué-la-Suette, et à d'autres châteaux importants de la contrée.

Il n'estpas rare de voir des amateurs de *pique-nique*, s'installer joyeusement dans la forêt qui leur donne ses branchages pour dôme et son gazon pour tapis. Quelquefois même, d'amoureuses lunes de miel en voyage se sont arrêtées là pour mieux se parler sans témoins de leur bonheur, et escompter celui de l'avenir par les charmes du présent. On peut ajouter à ces plaisirs purs, celui d'aller en savourant une tasse de lait dans une métairie, entendre le fermier et sa famille raconter les choses d'autrefois, ce qui se passait et ce qu'il y avait dans le parc avant l'administration actuelle. Dans ces récits simples, naïfs, on pourra apprendre plus complétement les bienfaits du propriétaire et les nombreuses améliorations successivement introduites dans la propriété. C'est ainsi qu'on est le plus certain de bien connaître la véritable et touchante histoire du Chambord d'aujourd'hui.

Dans toute son étendue, le parc est traversé, tantôt par de longues allées droites, tantôt par des canaux d'irrigation et, çà et là, d'immenses plantations de chênes, de pins et de bouleaux, bien percés, des futaies imposantes offrent à l'œil une agréable variété. Souvent, aussi, une ruine, un tronc d'arbre, un poteau, une pierre, retracent maints épisodes historiques, et sont autant de curieuses réminiscences des événements du passé e des anciens possesseurs de ce féodal manoir. On est donc assuré d'excursions intéressantes, grâce à des routes excellentes qui ont encore grandement rendu service aux environs, en facilisant les débouchés, et par conséquent en donnant un écoulement et une valeur de plus aux denrées des producteurs.

C'est ici le cas de dire que, malheureusement,

autour de Chambord ce bon exemple n'est pas suffisamment suivi. Les chemins du voisinage, notamment à travers les forêts, sont effondrés et impraticables. L'administration forestière entretient ceux dits d'*exploitation* pour les bois, mais elle refuse de s'occuper de ceux qui conduisent jusque là. Cependant, le transport des bois est le principal auteur de ce mauvais état, souvent même dangereux le jour et surtout la nuit.

L'administration forestière ne veut pas même permettre que pour les réparations aussi fréquentes qu'indispensables, on prenne du sable chez elle sans le payer. Il nous semble que tout cela n'est pas rationnel et qu'au lieu de mettre l'entretien de ces chemins à la charge de pauvres communes dans l'impossibilité de subvenir à de tels frais, il vaudrait bien mieux que l'administration forestière s'en chargeât. Celle-ci tirerait aussi chaque année, meilleur parti des ventes auxquelles des obstacles de ce genre causent une sensible détérioration.

Les propriétés environnantes aussi y gagneraient infiniment en sorte que tout le monde s'en ressentirait.

Au delà de la vaste clôture du parc, on trouve

d'un côté, les forêts de Boulogne et de Russy; de l'autre, Saumery ancienne résidence des gouverneurs de Chambord, solennellement placée au milieu d'antiques chênes et de massifs majestueux. A Huisseaux, c'est une demeure modeste, mais pittoresque et toujours saluée, en passant, par ceux qui aiment à se souvenir du noble caractère, des loyaux services, des vertus du comte Adrien de Calonne, l'auteur de la souscription qui rendit Chambord au petit-fils de Henri IV, et dont la veuve la fille et le gendre continuent les traditions. Non loin de là, *Groteau*, joli château gothique appartenant à M. le comte de Lamarre.

D'un autre côté, *Villesavins*, charmant château récemment attristé par la mort de son propriétaire M. le comte Jules de Pradel, ancien gentilhomme de Charles X, et depuis membre du conseil d'administration de M. le comte de Chambord qui, en fait de bonnes œuvres locales, se plaisait à le rechercher pour inspirateur et pour intermédiaire.

Parmi les terres qui ont le plus imité Chambord pour la culture des bois, il faut citer *le Gué, la Suette*, à M, Roussel, *le Verger*, près Bracieux.

la Ravinière, à M. d'Assy, commune de Fontaine où la tour de l'église est très-antique et très-curieuse; *Herbaux*, près Neugy à M. Champgrand qui est en outre, un des bienfaiteurs de sa contrée; *Vernouls*, à M. le comte de Beaurecueil, *la Sistiere*, dont le château tout neuf est une miniature de Chambord, à M. Aucher de Blois, enfin *Chevery*, qui a opéré dans de vastes proportions et a pour ch f-lieu un sanctuaire de précieux souvenirs historiques. Son propriétaire, M. le marquis de Vibraye, a fait restaurer avec autant de luxe que de goût, les appartements royaux, les meubles, les tentures, qui peuvent entrer en comparaison avec tout ce que divers gouvernements ont successivement fait accomplir dans le château de Blois, M. de Vibraye qui est un de nos savants les plus studieux et les plus estimés, possède des collections minéralogiques attestant combien certains gentils-hommes savent, pour l'agrément et pour l'instruction des visiteurs, employer leurs loisirs. Cheverny a beaucoup du style de Chambord, et mérite que les touristes aillent s'y rendre compte de ce que serait l'ancienne résidence de François Ier, si des séparations intérieures et un ameublement analogue y ressuscitaient le temps passé et retraçaient les événements qui ont illustré Chambord à diverses époques.

Montlivault, qui donne son nom à un gros village, rappelle d'anciens serviteurs de la monarchie, et l'un des officiers les plus distingués de la marine française actuelle, le comte Isère de Montlivault. Celui-ci s'est allié à une famille de gentilshommes du voisinage en épousant la fille de M. Adolphe de Boisrenard, dont le château, récemment reconstruit, prouve avec quel soin pieux le fils s'est empressé de conserver une partie du vieux castel et du parc de ses parents. On peut passer là quelques heures agréables en visitant un moderne et un superbe potager, formant un cirque dont les murs sont tapissés d'admirables espaliers, tandis que des carrés foisonnent de légumes opulents, qu'arrosent de belles pièces d'eau. Des serres et des vergers parfaitement soignés complètent ce potager faisant grand honneur au jardinier Sylvain Bacon. La terre de Boisrenard est une de celles qui, suivant les intentions de Chambord, a réalisé de sérieuses améliorations agricoles, surtout par des concessions et des avantages aux fermiers. C'est à partir de Boisrenard, autrefois l'un des types de l'invariable Sologne, que l'on peut admirer les revirements prodigieux qui se sont succédés en ce pays, dont les aspects sont aujourd'hui si différents. Rien de plus intéressant pour ceux qui ont connu cette contrée inculte, triste et malsaine ; mais il est facile à tous

Ses exemples, après avoir grandement étonné les voisins qui ne pouvaient admettre la réussite de ses innovations, leur ont profité, déjà on en trouve la preuve tout autour de *La Chaise.*

En effet, le drainage général ou partiel, suivant les conditions du terrain, a donné un facile écoulement aux eaux stagnantes, formant autrefois des marais fangeux, inabordables et malsains : le marnage, cet agent si utile, a, de concert avec le fumier et d'autres engrais habilement répartis, modifié la nature du sol qui a été contraint de subir les salutaires influences de ces combinaisons et d'en récompenser son auteur par des récoltes inattendues.

Ces miraculeux résultats obtenus en deux années, seront évidemment suivis de bien d'autres encore quand des opérations du même genre auront fertilisé de vastes prés au bord du Beuvron, rivière charmante qui embellit et limite d'un côté cette culture vraiment modèle qui sera bientôt habitée par le transformateur, dont la studieuse ardeur et la persévérance ont improvisé tant de succès. Alors on pourra sans doute admirer encore d'autres résultats et applaudir à la prospérité croissante d'un excellent père de famille et d'un agriculteur aussi modeste qu'expérimenté. Des visiteurs compétents félicitent et encouragent souvent M. Poirier, en attendant qu'un prochain concours régional le récompense autrement.

De l'autre côté, à peu de distance de la Loire, on remarque le château de Nozieux, placé au travers d'un parc, tandis que sur l'autre rive du fleuve, s'élève le beau château de Ménars, qui appartint à la trop fameuse marquise de Pompadour... M. le prince Joseph de Chimay, ancien ambassadeur, sénateur belge, en est maintenant propriétaire, et, dans l'enceinte même d'un superbe parc clos de murs, y a fondé un Prytanée qui a mérité une certaine célébrité. La position respective de ces deux châteaux a rendu proverbial dans le pays ce vieux dicton :

Ménars et Nozieux,
Se regardent entre deux yeux.

Le possesseur actuel de Nozieux, M. Adolphe Salvat, est un agriculteur et spécialement un éleveur renommé. Sa superbe vacherie n'a guère de rivale que celle de M. de Torcy, et contient plusieurs lauréats et lauréates de concours agricoles.

Sur la commune de Tours à deux kilomètres du château de Villesavin, il faut voir *La Chaise*, ferme achetée, il y a deux ans. par M. Poirier fermier de Lamotte et de Joubert dont il sera parlé plus bas. On peut dire en toute certitude que cette ferme présente une série de métamorphoses et d'améliorations vraiment prodigieuses. Son nouveau propriétaire, en cultivateur émérite, s'est mis immédiatement à l'œuvre et deux cent trente arpens de terres humides, couvertes de pastils, de joncs, de broussailles, ont été soumis au défrichement au marnage, au drainage, d'une manière si intelligente, si active, qu'à l'heure qu'il est les champs partout assainis, fécondés, produisent des colzas, des prairies artificielles et des blés d'une beauté surprenante. Une plantation de vignes, et un vaste potager entretenu par des jardiniers, ajouteront encore aux avantages de cette exploitation dans laquelle des efforts infatigables et tous les moyens d'action, ont été soigneusement employés.

M. Poirier a déjà gagné plusieurs médailles à divers concours, pour ses œuvres à Lamotte et à Joubert, mais s'il se fut fait inscrire à temps pour le concours régionnal de Blois, il eut certainement été cité comme un des plus dignes d'éloges.

les observateurs de constater ces changements ayant leur cachet particulier et leurs résultats persuatifs.

Non loin de là, on trouve la terre de la *Blondellerie*, où M. Salvat a fait presque des miracles à force d'expériences renouvelées et de sacrifices pécuniares. Le marnage, les engrais de toutes sortes, le drainage parfaitement exécuté, ont rendu des terres jadis humides, maigres, stériles, capables de produire de beaux blés, de plantureux colzas et de grasses prairies artificielles, qui ont nourri des taureaux et des vaches Durham de la plus belle espèce. Plusieurs de ces animaux ont gagné des prix et des primes au concours universel de 1856. Cette terre fait partie de la commune de Crouy autrefois connue seulement par ses *bretuailles* et ses *pastils*, qu'occupaient piteusement des bestiaux étiques, des vachers et des bergères se réunissant pour *trembler la fièvre*, par des champs qu'à grand'peine labouraient des bœufs aux flancs décharnés et aux pas plus que lents; aujourd'hui, elle doit être citée parmi les plus heureuses conquêtes de l'agriculture. Les sapinières et les taillis avoisinant la forêt de Boulogne et Chambord contiennent au moins trois cents hectares, séjour favori des chevreuils, des çerfs et des singliers fort appréciés par les chasseurs à courre.

La perte prématurée de sa femme, qui partageait ses goûts et encourageait ses nobles travaux, a déterminé M. Saval à renoncer à son faire valoir et à vendre même tout son matériel. Un grand concours d'amateurs agricoles se pressait à la Blondellerie, le jour de la vente, où les taureaux, les vaches de la race Durham, croisées et mancelle-bretonnes, ont été adjugées, au feu des enchères, à de grands agriculteurs, entre autres à MM. le marquis d'Argent, le prince de Wagram, le vicomte de la Rochefoucault, aux directeurs de divers domaines imperiaux, etc... Ils ont en outre rendu hommage à la distribution et à la tenue des bâtiments d'exploitation, à la culture de toute cette terre, affermée maintenant à MM. Clément et Herbelin.

Sur les limites de cette commune on rencontre *les Busses*, dont le château, modeste encore, s'élève au millieu d'un parc délicieux, près d'un petit lac très-pittoresque, et embrasse des aspects lointains et variés. Cette terre appartient à M. Charroy, qui ne s'est pas borné à améliorer le sol en tout sens, il a fait construire une ferme qu'on peu appeler modèle ; la maison d'habitation est vaste, saine, très-bien distribuée à l'intérieur, et, au dehors, on dirait un château qui a changé de destination.

Des étables et des écuries organisées d'une façon grandiose et hygnènique pour leurs hôtes, forment, de chaque côté, deux larges pavillons se reliant au corps de logis principal par des corridors qui permettent à la fermière de tout voir et surveiller sans sortir. Une grange monumentale, placée à côté, se prête aisément à toutes les évolutions des voitures, des machines à battre, etc... Elle se remplit chaque année des moissons que le fermier, M. Alphonse Roubalay, dès l'origine, puissamment secondé par son propriétaire, y accumule, grâce à sa culture importée de la Beauce, toujours active, soignée, opportune, n'employant pas les moyens artificiels et très-coûteux des ses voisins. Parmi ceux-ci, il faut citer M. Ménard, qui à Huppemeau, dont il est le fermier pour un très-long bail, a multiplié des essais, des travaux ayant, Dieu merci, occupé bien des bras, et fourni d'utiles indications, mais exigent tant de dépenses, qu'ils ne peuvent être adoptés que par un très-petit nombre.

En revanche, ils fournissent parfois des sujets d'examen et d'appréciations à des ouvrages et à des comices agricoles qui décernent des médailles ou des primes à certains résultats. Les fromages de Huppemeaux, renfermés dans des boîtes pareilles à celles des confiseurs, ont une réputation, ainsi que le lait des vaches dites *beuvonnes* à cause de de leur castration.

La terre des *Bignons* mérite une attention toute spéciale, parce que M. Adrien Gillet a depuis longtemps entrepris comme l'honorable tâche d'un père de famille la transformation de sa propriété. Chaque année, se livrant à l'étude des terrains défrichés, assainie dadord par des moyens ordinaires, il a multiplié les expérimentations avant de les conascre définitivement à tel ou tel ensemencement. Ses patientes recherches et ses instantes tentatives, l'ont conduit peu à peu à mieux connaître leur appropriation possible et sans autre secours que celui de la charrue, du fumier, de la marne qu'il possédait, il a obtenu des résultats fort avantageux. Toujours guidé par la prudence, et ne tenant pas à donner des leçons aux autres, mais plutôt à profiter de ce que ceux-ci croyaient devoir faire d'une manière très-coûteuse, il a mieux aimé obtenir, en petit d'abord, ce qui lui a permis ensuite d'opérer sur une plus grande echelle, à l'aide de procédés, de systèmes nouveaux, dont il a reconnu la supériorité. Ainsi, d'un côté, le drainage, de l'autre, l'emploi des engrais étrangers, ont successivement amené une notable augmentation et don- né à ses ierres naguère arides et tristes un aspect riant et prospère Des sapinières, des taillis, démontrent, en outre, qu'il n'a pas négligé les bois, et en voyant ses vaches et ses moutons en superbe état, on comprend qu'il s'applaudisse d'avoir apporté tant de soins aux prairies artificielles. La culture industrielle a trouvé en lui un applicateur perspicace, et le colza, le sorgho, l'ont récompensé de ne pas avoir dédaigné les importations d'autres pays et d'autres climats. En un mot, la terre de Bignons, élaborée depuis viagt-cinq ans, est une preuve éloquente des progrès positifs d'un faiee valoir entre les manis d'un homme déterminé à s'en occuper incessamment et à bien se rendre compte de ce qu'il peut et doit accomplir au fur et à mesure de ses ressources. D'une ferme vulgaire et n'ayant qu'une valeur presque insignifiante, relativement à celle d'aujourd'hui, M. Adrien Gillet est parvenu à compose une terre qui a sa place parmi les propriétés remarquables. Et tout cela est l'œuvre de la sage répartition de ses connaissances, de son activité et de sa surveillance habituelles bien secondées, il est vrai, par celles de M. et de Mme Courcet Clément, depuis longtemps chargés de ses intérêts.

Je ne dois pas oublier d'ajouter ici un fait qui honore singulièrement le caractère de M. Adrien Gillet, et mérite d'avoir des imitateurs. Ce vigilant agriculteur a pris pour habitude de placer dans son domaine des enfants sortis de l'hospice, et surtout les enfants errants que la misère et les mœurs vagabondes perdraient bientôt. Il les ramasse, pour ainsi dire, dans la rue, et leur propose de l'ouvrage chez lui, ou il les employe suivant leur âge et leurs forces. Il les nourrit, les entretient et les paye, veille à ce qu'ils fassent leur première communion, et en fait peu à peu de bons agriculteurs. Plusieurs sont restés chez lui; mais, aux alentours, on trouve de ses heureux élèves établis, ou servant dans des fermes, et tous sont remplis de gratitude pour leur bienfaiteur.

Près des *Bignons* s'étend la vaste terre de la *Ferté-Saint-Cyr*, appartenant à M. le duc de Lorge, à son fils M. le comte Paul de Lorge et à MM. les marquis et comte de Durfort ses frères. Cette terre dont faisait partie la ferme de *Huppemeau* que nous avons décrite tout à l'heure, a profité aussi de l'exemple de Chambord, et des champs, des fermes ont remplacé les étangs, les marais et les bruyères. Deux entre autres, de construction nouvelle, sont une conquête précieuse sur de vieux bois d'une pauvre apparence et d'un revenu presque nul. Ailleurs des semis ou des repiquages ont rempli les clairières, expulsé les joncs, les ronces qui régnaient en despotes. Le *Bois au Gué*, sous la gestion active de M. Lecour, forme à présent une exploitation considérable aux frais de M. le duc de Lorge. *Marepalu* est affermé. A *Laferté* dont le château est bien placé près du village qui trouve en lui, comme Lailly dans *Fontpertuis*, sa seconde providence M. le marquis de Durfort a consacré une de ses fermes, *la Platine*, à une culture toute nouvelle, démontrant le bon parti que des efforts et des travaux savent tirer des terres de Sologne, surtout avec la surveillance d'un régisseur comme M. Foucault. Là, où un fermier ne pouvait vivre, et prétendait qu'aucune augmentation n'était possible, il a conquis des récoltes superbes. Un des points de vue de son parc rustique, est formé par une minoterie avec moulin à eau, qui dessert en même temps une scierie mécanique.

A une lieue de là, près Dhuison, M. Porché a fait restaurer élégamment la château du Mesnil. Une tourelle flanquée de deux pavillons, et entourée d'eau, indique le chef lieu d'une propriété où les plus grands soins et développements, ont encore été par le propriétaire et sa famille apportés à l'agriculture, jadis si négligée en ces lieux Il en sera de même bientôt de la terre de *Bonneville*, où M. Pichery, en même temps, que de la construction d'un vaste château trônant sur la hauteur, s'est occupé de notables améliorations agricoles. Des plantations de bois importantes se remarquent aussi à *la Chevrolière*, à M. des Francs.

La ferme *de Villeneuve*, à M. Pilles, a du servir d'exemple et d'encouragement, aux possessurs ou acquéreurs de terres du voisinage, car c'est une véritable conquête sur une morose plaine de bremailles, au bord du Beuvron. Aujourd'hui, de belles céréales y abondent, quatre ou cinqs cent moutons mérinos y paissent dans d'excellents pâturages. On peut voir encore à quelque distance de là, la terre de *Bonhotel* près Ligny, où M. de Saint-Maur a depuis longtemps aussi, consacré ses soins et ses revenus à l'agriculture ; de nouvelles fermes ont été élevées dans des bruyères, défrichées puis marnées, et, de toutes parts, des champs féconds, des sapinières, des prairies, des bois de chêne ont fait subir à cette contrée une heureuse et riante métamorphose. J'ajoute, que plusieurs autres membres de la famille de Saint-Maur ont pour l'agriculture un goût et un aptitude incontestables. Les frères de M. de saint-Maur sont avec lui propriétaires et concessionnaires d'une immense domaine en Algérie, non loin d'Oran, près Saint-Denis-du-Sig, où ils ont introduit à la fois la colonisation et la civilisation: Ils ont bravé les épreuves, les dangers du début, et n'ont pas épargné de grands sacrifices notamment, pour la culture industrielle. Le gouvernement a récompensé leurs efforts par des éloges publics et par des primes ; en un mot, ils se sont créés en ce pays une position brillante et très-considérée. Ceci rappelle à mon affection et à mes regrets le nom du beau-frère de M Ernest de Saint-Maur, M. Arthur d'Illiers, qui indiqua le premier à ses messieurs les ressources, qu'ils trouveraient en ce pays, et le bien qu'ils pourraient y faire. Officier supérieur, ayant gagné tous ses grades sur les champs de bataille de l'Afrique où il fut deux fois décoré, Arthur d'Illiers dont le cœur était si français, qui joignait à la bravoure, à l'intelligence, à l'esprit, une obligeance insatiable, voulut rendre un service à sa seconde patrie par la gloire, en lui procurant ces colons modèles.

Honneur à lui, ou plutôt, hélas ! à sa tombe, car le vaillant guerrier qui après son retour en France, fut chef de cabinet de son digne général, M. de Lamoricière, ministre de la guerre en 1848, et, là encore, à multiplié les bonnes actions, est mort à la fleur de l'âge. Il a laissé un fils et une fille, déjà privés de leur mère, qui a sucombé un mois avant son mari en janvier 1854, sur la commune de la Ferté.

Lamotte-Vassan à M. Longuet, Ruy à Mme Briffaut, peuvent être encore placés parmi les terres qui ont commencé à suivre le mouvement progressif, tet, qui dans quelques années, réaliseront les avantages qu'elles sont susceptibles d'acquérir par des moyens maintenant bien connus.

Une autre propriété voisine de la Ferté, mérite une description plus détaillée, je veux parler des Bordes, que M. Caillard père a commencé à faire valoir. Seul auteur de la fortune que lui constituèrent d'abord les fameuses diligences qui portent encore son nom, M. Caillard, après avoir été l'organisateur des messageries dans tous les coins du globe, se voua entièrement à l'agrandissement et à l'amélioration de sa terre de prédilection. Il débuta par des semis de pins mélangés de chênes et de bouleaux, et en tira des produits de diverses catégories, par les dépressages et les coupes à des époques déterminées. C'est lui qui a mis en vogue cette innovation dont s'emparèrent ses voisins. La Sologne y a gagné certainement beaucoup en salubrité, et en agrément ; on peut en juger par la santé moins souvent atteinte des habitants des environs, et par cet horizon de verdure ornant les plaines jadis mornes et sablonneuses. M. Caillard a fait marcher l'agriculture à pas de géant, parce qu'il était pressé de jouir, et avait tous les éléments à sa disposition. Par lui, les blés noirs, *dits carabins*, ont été, en un clin d'œil, proscrits pour céder la place à des céréales de premier choix, à d'opulentes prairies, les bremailles sont devenues soudain des glandées, des sapinières, et son immense domaine a prouvé à tous sa puissance et sa haute capacité. Il a déployé contre les obstacles une persévérance digne d'éloges et qui, après sa mort, a trouvé dans son fils, M. Marc Caillard, un héritier infatigable.

Celui-ci a ajouté au grand faire valoir de son père, une superbe vacherie installée au *Rondis*. Là, plus de cent bêtes de race de premier choix, notamment de celle Durham, méritent une visite spéciale. Le lait *des Bordes* a rendu son tributaire Paris où, chaque jour, il est envoyé, à des abonnés parmi les gourmets. Grâce à l'obligeance et aux renseignements du régisseur des Bordes, M. Blin, j'ai pu admirer les soins, les égards prodigués aux hôtes plus ou moins célèbres de ces étables, dont les greniers d'abondances, les rafraîchissoires, la laiterie surtout, composent une véritable administration, exigeant autant d'aptitude que de vigilance. J'ai salué dans son *box*, l'illustre et colossal taureau *The digger*, importé d'Angleterre, par M. Gustave Salvat, auquel M. Caillard s'est empressé de l'acheter avant la vente de la *Blondellerie*. La terre des Bordes, est un chef-d'œuvre d'aménagement, d'ordre et de goût. L'utile assurément domine l'agréable, mais en voyant ses champs fécondés, ses moissons luxuriantes, ses taillis épais et vigoureux, ses avenues sans fin, ses sentiers et ses chemins entretenus constamment, ses splendides troupeaux, au milieu de grands prés si bien soignés et irrigués, ses faisanderies, et ses pavillons de chasse, ses maisons de gardes, ses halles aériennes, formant de gracieux points de vue, on peut dire que *les Bordes* sont le jardin de la Sologne, un jardin de deux mille arpents. Chaffin, Montissau, les Gaschetières, Pully, les Vernouls, qui l'entourent ou lui font suite, possèdent aussi de belles plantations, et des promenades attrayantes, mais excepté Pully, résidence quasi seigneuriale, précédée d'un parc grandiose, et les Gaschetières dont l'élégant château en briques se détache coquettement au sein des arbustes, des fleurs et des ondes qui lui servent de miroir, aucune de ces terres ne soutiendrait la comparaison avec celle des *Bordes*, si remarquable, à la fois, par son ensemble et par ses moindres détails.

Mais j'arrive à la contrée où l'agriculture a pris le plus rapide et le plus général développement, toujours sous les bonnes influences de Chambord qui doit se réjouir d'autant plus de son initiative. Je veux parler de Saint-Laurent-des-eaux, village et commune situés sur les limites des départements de Loir-et-cher et du Loiret.

Les *Bordes*, en grande partie, en dépendent, et près d'elles, on rencontre la terre de *Gelou* dont le manoir aux alleures simples et tranquilles, semble vous attendre au fond d'un vallon souriant, pour vous offrir, comme aux temps antiques, une cordiale hospitalité. Ses groupes de peupliers et de saules, ses hautes futaies, ses douves à fleur de terre, ont bien l'air de sentinelles possées là pour protéger le calme, le doux séjour de la famille et de l'amitie, et pour introduire promptement ceux qui vienent lui demander un service. Telle était, en effet, la situation prise par ses possesseurs peu après les orages révolutionnaires de 1793, et qu'ils ont main-

tenue tant qu'ils vécurent. Chaque année, aux vacances surtout, *la maison de Gelou*, c'est ainsi qu'on l'appelait alors, comme on dit la maison du bon Dieu, était toute remplie par les enfants, les parents, les amis et les amis des amis…

Beaucoup de grands personnages y sont venus visiter leur ancien collègue, des Cinq-cents ou de l'exil.

A diverses époques, même d'illustres, de pauvres proscrits, ou persécutés y trouvèrent un asyle inviolable…

Le chef de la famille employait toutes les économies, le fruit des plus honorables labeurs, du barreau et de la magistrature. à l'entretien et à l'accroissement de cette chère propriété. Chaque année, des glandées, aujourd'hui les plus beaux bois du pays, étaient semées par la main d'un enfant ou d'un petit enfant dont elles recevaient le nom qui leur est encore resté… Oh ! c'était bien une demeure patriarcale, vénérée de tous, et sa renommée de bienveillance fut tellement proverbiale, qu'à l'heure

qu'il est, le souvenir de ceux qui l'ont éprouvée l'environne encore d'un respect affectueux... Mes lecteurs comprendront ces détails qui sont un hommage à la mémoire de mon père et à la vérité.

Là aussi la culture, complètement sortie de la veille routine, est arrivée, par l'intelligence et le zèle d'un jeune fermier, M. Alexandre Desnoyers, à une réussite surprenante. A peine quelques arpents de bruyères ont survécu à un défrichement quasi universel. Il en est de même de la nouvelle terre de *Joubert*, un démembrement de *Gelou*. Prématurément désolé par la mort si regrettable de son propriétaire, et qui a recueilli les plus avantageuses conséquences de l'intervention de son laborieux et habile fermier, M. Poirier, qui en a su obtenir de prodigieuses amélinations.

Trois autres terres présentent aussi d'intéressantes promenades, tant à cause des agréments de leurs alentours que de leurs exploitations agricoles. *Chaffin*, dont le moderne pavillon remplace une ancienne gentilhommière, s'élève au milieu de bois touffus de hautes futaies et près d'un vaste potager, qui semble dormir au bord d'une pièce d'eau, confiant dans les soins actifs de son jardinier Joubert. Il appartient à M. Lorin de Chaffin, littérateur et écri-

vain distingué, bien connu dans la presse départementale, et auteur d'une histoire de Beaugency, dont il a été maire. La *Barboire*, à M. Emile Chassaigne, est située au sein d'un délicieux parterre faisonnant de fleurs et d'arbustes toujours si bien entretenu par la famille Dubois, et voisin d'un petit parc très-ombreux, bien dessiné, qui conduit à un grand étang dans lequel a été jétée une île charmante. Deux fermes, Motteus et la Barboire, ont, par des défrichements, obtenus une plus grande valeur. Le Verger, à M. Edmond Faffet, qui a fait d'abord valoir avec succès la ferme du *Ruet* est une maison paternelle ornementée par un fils unique heureusement empressé de conserver les principaux souvenirs du lieu de sa naissance.

Il a égayé l'intérieur par les recherches de l'élégance moderne et a fait vagabonder un joli jardin anglais sous la protection des charmilles de l'ancien bon temps.

Le village de St-Laurent-des-Eaux depuis longtemps bien administré par MM. Perrin père et fils, est traversé par une grande route et placé sur le bord d'un côteau que baigne l'Isme, fleuve modeste, mais limpide et sinueux qui va payer son tribut à la Loire.

Celle-ci étend ses ondes capricieuses et perfides à un kilomètre du village qui parfois subit ses terribles et immédiates inondations, surtout depuis que l'anncienne et belle forêt de Briou, vendu par la famille de Louis-Philippe, a été abattue et livrée à la culture. Dès ce moment la physionomie de ce pays a changé ; la majorité de ses habitants, de journaliers ou vignerons qu'ils étaient, a loué des terres, et il y a eu, d'un bout à l'autre, des fermiers, des laboureurs. On ne peut se faire une juste idée de l'ardeur avec laquelle chacun s'est mis à l'œuvre de régénération. Les charrues, les chevaux ont presque partout remplacé la marre, la pioche, la bêche ; on a vu s'élever de toutes parts, des bâtiments d'exploitation qui en donnant au village un aspect d'aisance, ont étendu ses limides. Depuis Saint Laurent jusque aux *Basses*, et comme pour établir un paralelle avec les terres de Briou, tous les champs jadis en jachères, en marécages ou en landes arides, ont été défrichés et sont en plein rapport.

Il ne reste plus du bois de Briou qu'un bouquet de futaie de deux arpents environ, près de la vaste ferme des *Terreaux*, occupée par M. le docteur Pandellé, maire de Beaugency, et agriculteur d'une haute capacité, dont il a déjà transmis bonne part à son fils.

Je me suis servi de ce mot *bouquet*, parce qu'il retrace mieux le souvenir de cette forêt magnifique, formant comme un camp rustique, entre un grand fleuve et une petite rivière. — Ses larges allées, au bout desquelles apparaissait radieuse, la Loire, souvent couverte de voiles éblouissantes, et dont l'autre rive présentait Tavers, Lestiou, Avaray, Beaugency ; ces arbres séculaires, ses sentiers pleins de silence, de mystère et d'ombre, et surtout ses ventes exploitées, chaque année, étaient pour le bourg un voisinage à la fois charmant et très-utile, puisqu'il fournissait du bois aux malheureux, et de faciles travaux à ses habitants. Tout cela, il est vrai, a été remplacé par d'autres avantages ; mais plusieurs fois déjà, la Loire a causé de vives alarmes et de graves pertes. Sa dernière invasion en 1856, eût été mortelle pour les nombreuses familles des fermiers, si la bienfaisance de leurs propriétaires, M. le duc de Lorge et ses enfants, n'eût accordé *à tous* des remises entières ou d'importantes réductions proportionnelles. Heureusement aussi, la sollicitude du Gouvernement a été tellement suscitée par ces ravages, que des mesures officielles suivies de travaux préservatifs empêcheront, sans doute, de nouvelles catastrophes.

Les résultats du défrichement total de cette forêt

n'ont pas peu contribué à déterminer les propriétaires, petits ou grands, des alentours, à défricher des bremailles ou à arracher des vignes. Celles-ci ont bientôt trouvé des locataires parmi ceux qui attendaient impatiemment l'occasion d'étendre leurs occupations.

On compte maintenant dans ce village et aux environs, des cultivateurs qui ont successivement obtenu, en ces lieux, des produits complétement inconnus jusqu'à ce jour, et d'un rendement bien supérieur à tous les précédents. On peut citer à St-Laurent-des-Eaux, MM. Pandellé, Perrin, Rubline, Poirier, Quartier, Loiseau, Hérault, Jules Pontonnier, Gervaise, Gond, Clément, Gascon, Bidron, Bordier, Alexandre Paullain, Dollin, Guérin, Herbelin, Eusèbe-Ahusseau, Parfait, Trèpin, etc.

C'est dans les champs composant jadis la forêt de Brion, dont les bois si fiers forment aujourd'hui la charpente des granges de ces anciens ou nouveaux cultivateurs, que ceux-ci, se livrent avec le plus d'ardeur et de succès à leurs travaux. Sur le coteau de Saint - Laurent, en face des plus belles perspectives, on trouve *Belair*, maison de vignes qui dépendait de la terre de Gelou, et semble posée là, pour applaudir et sourire aux progrès qui ont fait la richesse de ce pays, dans l'intérêt duquel, son propriétaire, il y a quarante ans, multipliait les recherches, les essais en culture et en sylviculture, de même qu'il était le conseil, le défenseur infatigable de ses habitants. Il légua à ses enfants ses habitudes comme la partie de son héritage qu'ils seraient le plus heureux d'avoir recueilli.

Le bien-être amené par la nouvelle agriculture en cette localité, a eu diverses conséquences très-favorables. Signalons entre autres un corps de musique dont l'exécution est fort satisfaisante, et une compagnie de pompiers aussi nombreuse que bien tenue, sous les ordres de son jeune capitaine, M. Edmond Faffet. Cette belle institution a déjà plusieurs fois déployé sa discipline, sa spontanéité, son courage, son dévouement. De terribles incendies ont été domptés, par elle, au prix des plus actifs efforts et d'imminents dangers.

Signalons encore l'établissement de sœurs de la charité pour les enfants et les malades. Près de Saint-Laurent, une petite ferme, l'*Hôtel Dieu*, a été, malheureusement pour ce pays, vendue par son propriétaire, M. Auguste Venot, agriculteur littéraire et poétique, aimant à placer près des céréales habituelles, les blés d'Afrique, le maïs, l'orge, le sorgho d'Algérie, qu'il se plaisait à soigner de manière à faire admirer leurs produits et à assurer leur propagation.

De plus, grâce au concours et au zèle de M. l'abbé Guillaumin, l'église de ce village a été supérieurement restaurée. Depuis, de nouveaux embellissements et l'infatigable ardeur de M. Jeslin, pour les cérémonies lui donnent l'air d'une cathédrale.

Dans les environs du bourg où se trouve une église vaste et bien décorée, on remarque au sein des vignes jadis exclusives de toute concurrence, des morceaux de terre admirablement cultivés, et des récoltes diverses former une sorte de mosaïque enchanteresse, lorsque le soleil l'empourpre de ses rayons, ou que la brise la fait s'agiter tour à tour en gerbes, en aigrettes, en panaches, en éventails naturels. Aux beaux jours de l'été, on entend l'orchestre ailé des abeilles bourdonner au-dessus des colzas et des trèfles en fleur. Çà et là, de petits jardins entourés de haies ou de palissades manifestent le goût de certains cultivateurs pour l'horticulture.

Les légumes du ménage sont encadrés dans des roses, des dalhias et des marguerites, de même que les jeunes gens aiment à montrer que les pantalons de fantaisie, la chemise fine et plissée, l'élégante casquette, la chaussure légère, le flambant chapeau gris. ont détrôné les sabots, la grosse toile, et la blouse longue d'il y a vingt ans. Leur instruction est aussi toute autre, les écoles sont plus fréquentées, et cela tient au bien-être et plus encore aux besoins que les résultats fructueux de l'agriculture on introduits. En effet, chaque paysan ayant, pour ainsi dire, à travailler à son compte, dans son intérêt personnel, a des rapports fréquents et forcés avec les marchés, les foires ; il vend et achète ; il est donc nécessaire qu'il sache lire et écrire, pour n'avoir pas besoin d'intermédiaire, et rester le maître absolu de ses petites négociations.

Ils ont senti que leur instruction devait, au moins, être en rapport avec ce que semblent annoncer leur mise, leur attitude, qui vraiment, sont bien préférables à celles d'autre fois. Le langage et les manières ont grandement gagné, aussi par suite du contact avec les villes ou leurs habitants; leur intérieur est devenu plus propre, presque élégant même, et quand ils font bâtir, c'est à plus grands frais et avec plus de goût. Les fenêtres larges, les grands carreaux, le plafond, le mobilier neuf et à la mode, sont substitués, presque partout, aux anciennes solives d'un plancher inégal, aux petites lucarnes, aux antiques bahuts des aïeux.

Il est regrettable seulement qu'il n'apportent pas plus de soins à ce qui concerne la salubrité de leurs habitations nouvelles. En surélevant le sol de quelques pieds, en établissant (ce qui coûterait fort peu de chose) dessous et autour un drainage qui emporterait les eaux, et, par conséquent, l'humidité à une certaine distance, dans des fossés d'écoulement, les constructeurs de maisons, de fermes garantiraient la santé contre diverses atteintes. Leurs abords seraient bien plus faciles, plus agréables, et ils augmenteraient la valeur de leur propriété.

J'ai dit que les laboureurs étaient moins ignorants et je le maintiens, mais ils laissent encore à désirer. Certes, l'instruction n'est pas, à beaucoup près, aussi avancée qu'elle devrait l'être. Elle n'est pas en rapport avec le désir sincère que les parents ont de voir leurs enfants aller à l'école, et celui des adultes pour l'achèvement de leurs études. Il faudrait qu'en France, l'instruction élémentaire fût gratuite et obligatoire comme en Allemagne, où tous les gens du peuple et les paysans savent parfaitement lire et écrire. Or, c'est chose peu commune en France, même dans l'armée. Certes, les laboureurs, les domestiques, les concierges même de Paris, ne feraient pas une copie, une note, une lettre, aussi bien, à beaucoup près, que le plus pauvre ouvrier ou villageois de l'Allemagne. Là les employés inférieurs de l'Etat sont presque tous d'anciens militaires qui, durant leur temps de service, se sont, grâce aux leçons de leurs officiers, assez perfectionnés pour être capables de remplir des fonctions auxquelles ils doivent une position considérée, et une certaine aisance.

En France, combien de militaires n'ayant pas reçu la moindre notion dès leur enfance, ne veulent et souvent ne peuvent absolument apprendre à lire quand ils sont au régiment. Il en résulte qu'après avoir bien servi leur pays en garnison et surtout à la guerre, après avoir mérité des grades et des récompenses, ils ne doivent aspirer à rien, faute de la capacité réquise pour les petits emplois. Ils sont donc réduits, à leur retour dans leurs foyers, à reprendre les travaux de la terre, quand ils ne sont pas mutilés, ou à vivre d'une chétive pension. Cependant leurs habitudes de régularité, de discipline, de dévoument, rendraient très-précieux leurs concours dans des administrations celles comme maintenant si étendues des chemins de fer où des places qui exigent tant de précision, d'exactitude, de vigilance continuelle, sont données à des gens sachant lire et écrire, mais étant loin de présenter autant de garanties indispensables dans l'intérêt de la sécurité publique.

L'instruction doit marcher de pair avec les progrès de l'agriculture, et l'adoucissement des mœurs dans les campagnes. Depuis que les chemins de fer, les paquebots, le télégraphe électrique, ont improvisé des voyages, des communications avec une rapidité surhumaine, maintes circonstances prévues ou imprévues la rendent vraiment nécessaire.

Après cette digression, je reviens à mon sujet principal, en disant que mon itinéraire, mérite réellement d'être suivi par tous ceux qui, ayant visité le parc de Chambord, désireront apprécier eux-mêmes la situation agricole de ses alentours. Ils seront certainement frappés et satisfaits de reconnaître à quel point les essais des propriétaires ont impressionnés les laboureurs esclaves des anciennes traditions, sans avoir pourtant le don de les convaincre promptement. Le paysan, en général, et le Solognot, en particulier, est de sa nature incrédule, hésitant ; il tient à ses habitudes, à ses opinions, et il a fallu des preuves saisissantes pour le convaincre. Il n'a pas employé moins de temps pour le décider à entrer dans une autre voie, et à récueillir les mêmes bénéfices que ses voisins. C'est dans les progrès chaque jour plus évidents de Chambord à planter d'autres bois, à améliorer les anciens, qu'il a puisé la détermination d'imiter pour atteindre le même but, et qu'il a consenti à faire pousser du blé, là où il n'avait jamais obtenu que du carabin ou du seigle médiocre. Il a pris alors le parti de creuser des fossés pour assainir des terres qu'ensuite il a bien voulu fumer plus, et façonner mieux. L'hiver, il a occupé ses chevaux à des transports de marne, et quand la moisson suivante a été incomparablement supérieure aux autres, il a ouvert de grands yeux, et s'est repenti de n'avoir pas, quelques années plutôt, adopté un système incontestable.

Les laboureurs partiacres des communes que nous signalées, n'ont pas été exempts de ces obstinations et de ces défiances, et c'est seulement quand les grands cultivateurs tels que MM. Caillard, Gillet, Pandellé, ont dans leurs terres ou dans celles de Briou, réalisé plusieurs récoltes de colzas, de trèfles, de betteraves, qu'ils ont bien voulu demander aux leurs autre chose que du froment... Maintenant, la culture est partout relativement plus féconde parce que tout ont pris la résolution d'augmenter le sol qui se prête toujours à récompenser les soins nouveaux qu'on lui prodigue, les frais qu'on fait pour lui, car c'est bien le cas de rappeler le proverbe : *tant vaut l'homme tant vaut la terre.*

Si, après avoir parcouru les pays dont je viens de parler, on revient à Chambord, on sera plus heureux qu'au point de départ, car on pourra, en toute connaissance de cause, le féliciter de ce que les leçons ont produit. La sylviculture notamment leur droit beaucoup, et la sologne a maintenant une bien plus grande quantité de bois variant de formes et d'essence. Il est facile de s'en convaincre, en consultant les anciens des deux localités qui n'ont pas oublié la pitoyable mien des champs où des pastils dont la plantation en chêne ou en sapin a été bientôt imitée. Cette renovation fait aux yeux de tous, grand honneur à la supériorité de M. Bourcier, ainsi qu'à son auxiliaire et son neveu M. Arnoutd.

Ce qu'on ne saurait trop redire, c'est le bien que sont toutes les fermes, ces améliorations successives n'ont pas cessé de faire partout, spécialement dans l'enciente du parc....

L'application du revenu a des bonnes œuvres

n'a pas eu seulement pour intermédiaires habituels, M. l'abbé Chesné, digne curé du lieu, les sœurs de charité et M. Bourcier ; les moindres indications obtiennent du prince, des secours pour les communes voisines et d'autre points du département. On voit que les limites du parc ne se restreignent jamais et s'élargissent toujours dans l'intérêt de la charité.

Cette vérité, a d'ailleurs, souvent un caractère officiel, par la publicité donnée aux envois d'argent et aux lettres de M. le comte de Chambord, lors des souscriptions en faveur des calamnités générales telles que les inondations, l'incendie, la grèle, etc... Il est vraiment impossible d'énumérer les autres bienfaits d'autant plus admirables que, suivant le principe évangélique, le silence, le mystère les entourent, et qu'à Chambord comme à Frohsdorff, à Venise et à Paris, *la main gauche doit ignorer ce que fait la main droite*. Ces bienfaits furent d'autant plus méritoire, que le prince était sous le coup d'attaques judiciaires ou fiscales se flattant de le déposséder entièrement.

C'est ici le lieu de dire que *dans son bel ouvrage* sur Chambord, M. E. de la Saussaye, aujourd'hui recteur de l'Université, raconte les divers procès intentés à Chambord que le gouvernement de juillet voulut considérer comme apanage devant retourner à l'Etat. Les débats judiciares, sous diverses formes, ont duré depuis 1832 jusqu'en 1857.

Nos lecteurs comprendront l'émotion et la douleur que l'année dernière, la fin du procès menaçant d'enlever Chambord à son propriétaire, répandit partout. Mais la Providence a permis que dans la cité lointaine, à Dijon, où devait être jugée cette grave affaire, les œuvres de Chambord fussent appréciées à leur juste valeur. La magistrature impartiale, avec sa grande et noble voix, à dit bien haut qu'il ne fallait pas toucher à ce patrimoine d'un exilé agissant comment un enfant prodigue pour toutes les infortunes de sa patrie.

Ainsi lorsque les magnifiques plaidoieries et les mémoires de MM. Berryer, Berd des Glageux, de Vatismesnil, de Paris, de Serrigny, Caïre et Goujet, de Dijon, eurent amené le triomphe du droit, l'assentiment unanime saluait la justice ayant consacré l'apanage national que, par sa destination, M. le comte de Chambord a rendu l'immeuble inviolable du pays.

Cela prouve qu'en France toutes les opinions se

confondent l'esprit de parti disparaît, quand il s'agit de rendre hommage à des sentiments et à des habitudes qui font le bonheur des populations !

Rien de plus émouvant aussi que le spectacle des campagnes régénérées et embellies par des expériences et des innovations accomplies au nom d'un prince qui pourtant, n'a jamais mis le pied sur le terrain où il a introduit la fertilité, afin d'y mieux assurer le règne de la bienfaisance.

Cette situation exceptionnelle du propriétaire de Chambord, est pour tous les esprits observateurs et pour les cœurs bien placés, un sujet tout particulier de curiosité et d'admiration. Les visiteurs de ce château et de cette terre seront dominés, j'aime à le croire, par ces nobles impressions, quand ils liront ce petit ouvrage, et ils me sauront quelque gré d'avoir suscité leur attention sur des faits, sinon méconnus, du moins trop peu connus jusqu'à ce jour. Je l'espère d'autant plus que la politique n'a rien a voir dans tout ceci, et que mes appréciations découlent logiquement des faits et des actes que j'ai signalés avec plaisir, mais que tout le monde peut, comme moi, constater et juger.

Je m'empresse de dire, en terminant, combien je regrette de n'avoir pu poursuivre mon itinéraire au delà de quatre lieues autour de Chambord, car j'aurais eu bien d'autres exemples à citer, mais le cadre restreint de ce petit volume ne me le permettait pas. Sans doute aussi, j'ai commis quelques erreurs, fait quelques omissions, j'aime à croire que mes lecteurs ne m'en tiendront pas moins compte de mes bonnes intentions.

www.ingramcontent.com/pod-product-compliance
Ingram Content Group UK Ltd.
Pitfield, Milton Keynes, MK11 3LW, UK
UKHW012102240726
13965UKWH00004B/1482

9 782013 034364